Stephan Krebs

In Bäumen begegne ich mir

Gedanken aus der Mitte des Lebens

Agentur des Rauhen Hauses Hamburg

Vom Baum lernen
der jeden Tag neu
sommers wie winters
nichts erklärt
niemanden überzeugt
nichts herstellt

Einmal werden die Bäume die Lehrer sein
das Wasser trinkbar
und das Lob so leise
wie der Wind an einem Septembermorgen

Dorothee Sölle

Der Baum als Botschafter

Bäume sind nicht einfach nur Teil der Pflanzenwelt. Menschen aller Kulturkreise geben ihnen in besonderer Weise mythische und symbolische Tiefe.
Im jüdisch-christlichen wie auch im islamischen Paradies stehen zwei besondere Bäume – der Baum des Lebens und der Baum der Erkenntnis, und die indische Mythologie überliefert ebenfalls den Baum der Erkenntnis. In einem Stammbaum stellen wir die Quellen und Verbindungen unseres Lebens dar.
Einzelne Baumarten haben ihren bestimmten mythischen Platz. Eine rauschende Eiche kündet in der griechischen Antike die Nähe von Zeus an. Bonifatius schlägt mit der Donar-Eiche auch den germanischen Gott nieder. Die deutsche Eiche ist und war – auch an falscher Stelle – ein Symbol äußerster Standfestigkeit. Die Trauerweide bringen wir mit Tod und Trauer in Verbindung. Das Apfelbäumchen ist nicht erst seit Luther ein Symbol der Hoffnung. Lorbeeren künden von Erfolg und Macht.
„Wenn der Baum stirbt, stirbt die Welt", sagt die germanische Mythologie. Vielleicht treffen deshalb die Berichte vom Waldsterben unser Gemüt so hef-

tig und schärfen unser ökologisches Denken wie sonst keine Nachricht.
Eine Baumfrucht beschert Adam und Eva Erkenntnis und den Rauswurf aus dem Paradies. Ein Zweig im Schnabel eines Vogels zeigt Noah an, daß die Erde wieder bewohnbar ist. Palmenzweige erscheinen den Jerusalemern als geeignetes Willkommenszeichen für den eintreffenden Messias. In der Bibel spielen Bäume als Gleichnisse, Beispiele und Symbole eine große Rolle. Ihre Botschaft soll uns auf den folgenden Seiten in Wort und Bild begegnen.

Wohl dem Menschen, der Weisheit erlangt. Sie ist ein Baum des Lebens allen, die sie ergreifen.

Sprüche 3, 13 und 18

Der Gott der Gnade wird euch gründen

Von weitem sieht das Waldstück so reich und fruchtbar aus. Kräftige Bäume wachsen hoch empor. Es scheint ihnen leicht zu fallen. Doch aus der Nähe sehe ich, daß es einzelne schwer haben, und daß sie um ihren Stand kämpfen müssen. Dieser Baum klammert sich an einer steilen Böschung fest, und seine kräftigen Wurzeln krallen sich in den sandigen Boden. So kann er sich halten. Und so kann er dann doch wachsen.

Ich lebe in einem reichen und fruchtbaren Land. Aber ich möchte mich davon nicht blenden lassen, denn auch hier gibt es sandige Stellen und steile Abhänge, manchen Sturm und manche Dürre. Ich wünsche mir, daß ich so kräftige Wurzeln schlage wie dieser Baum. Ich will sie tief in den richtigen Grund treiben, damit ich standfest bin.

Dabei hoffe ich auf die Zusage Gottes:

Der Gott aller Gnade aber, der euch berufen hat zu seiner ewigen Herrlichkeit, in Christus Jesus, der wird euch, die ihr eine kleine Zeit leidet, aufrichten, stärken, kräftigen, gründen.

1. Petr. 5,10

Er heilt, die zerbrochenen Herzens sind

Am Rande eines Waldes begegnet mir dieser Baum. Sein Stamm gibt ein stumm-beredtes Zeugnis von Jahren voller Kampf, Schmerz und Lebenswillen. Doch er hat gesiegt. Er lebt – mit den Fesseln. Und ist gewachsen – trotz der Fesseln.
Auch mein Leben wird von Fesseln eingeengt. Es stößt an Grenzen. Sie verletzen und blockieren mich. Ich kämpfe gegen sie und kann sie doch nicht ganz loswerden. Ich wünsche mir, daß ich so viel Lebenskraft habe wie dieser Baum. Wie er möchte ich wachsen und nicht verzweifeln – mit den Fesseln und trotz der Fesseln.
Ich möchte trauen können auf das, was von Gott gesagt ist:

Er heilt, die zerbrochenen Herzens sind, und verbindet ihre Wunden.

Psalm 147,3

Vor dir ist Freude und Fülle

Ein Baum steht am Anfang seiner Blüte. Seine Zweige sind übervoll mit großen und farbigen Knospen. Sie sind schön und kräftig in geradezu verschwenderischer Fülle. Wer vorbeikommt, bestaunt und bewundert sie. Manches verschlossene Herz öffnet sich bei ihrem Anblick.
Ich wünsche mir, daß ich so viel Kraft und Schönheit wie dieser Baum habe. Ich wünsche mir, daß ich mich zur rechten Zeit verschwenden kann, daß ich bestaunt und bewundert werde, und daß ich ein Schlüssel für verschlossene Herzen bin.
Ich wünsche mir, daß meine Pläne und Ideen so kraftvoll sprießen wie diese Knospen.
Dabei freue ich mich an der Quelle allen Lebens:

Du tust mir kund den Weg zum Leben: Vor dir ist Freude die Fülle und Wonne zu deiner Rechten ewiglich.

Psalm 16,11

Du machst das Land voller Früchte

Der Apfelbaum läßt mir in strahlendem Rot seine Früchte entgegenleuchten, viel Kraft hat er in sie gesteckt. Sie sind ihm wohl gelungen. Saftig, süß und farbenfroh hängen sie an seinen Zweigen. Die Sonne spendierte ihm viel Licht und Wärme.
Meine Gedanken wandern zu den Früchten meines Lebens. Ich überdenke, was durch mich entstand und noch entsteht. Ich wünsche mir, daß vieles davon so ist wie die Äpfel dieses Baumes: groß, bunt und süß. Ich wünsche mir, daß ich sie stolz vorzeigen kann.
Darüber möchte ich nicht überheblich werden, sondern eines nie vergessen:

Du feuchtest die Berge von oben her, du machst das Land voll Früchte, die du schaffest.

Psalm 104,13

Euer Werk hat seinen Lohn

Für den Kastanienbaum neigt sich ein Jahr dem Ende zu. Seine Jahreskraft erlahmt, der Herbst greift nach ihm. Was bleibt, sind seine Früchte. Äußerlich sind sie noch verschlossen und stachelig. Nur ein Spalt läßt ahnen, daß ein wunderschöner Kern darin schlummert. Der Baum wird sie fallen lassen, bevor der Kern ans Tageslicht gekommen ist. Nur wenn er losläßt, wird der Kern seine Schale wirklich los.

Was von mir bleibt, sind meine Früchte: Arbeit, Kinder, anfaßbar gemachte Träume. Sie tragen meinen Lebensfunken weiter. Ich weiß nicht recht, wie sie es tun werden. Eine stachelige Schale umgibt sie. Nur manchmal darf ich durch einen Spalt ins Innere schauen – auf einen wunderschönen Kern. Ich wünsche mir, daß ich sie wie dieser Baum zur rechten Zeit loslassen kann und eigene Wege gehen lasse. Ich wünsche mir, daß dann wunderschöne Kerne zum Vorschein kommen.

Ich möchte die Gelassenheit dieses Wortes spüren:

Ihr aber, seid getrost und laßt eure Hände nicht sinken; denn euer Werk hat seinen Lohn.

2. Chronik 15,7

Kommt her zu mir alle

Zwei Bäume liegen gefällt am Wegesrand. Andere haben sich ihrer bemächtigt und nähren sich von ihnen. Ihre verlöschende Kraft bringt Lebensraum für andere.
Manchmal bin ich sterbensmüde. Ich fühle mich entwurzelt, und meine müden Knochen versagen den Dienst. Andere saugen meine Lebenskraft aus. Sie leben ganz gut davon: Kinder, Familie, Arbeitgeber. Manchmal fordern sie einfach zu viel Kraft von mir. Dann bleibt mir selbst zuwenig.
Dann möchte ich Jesus bei seinem Wort nehmen können:

Kommt her zu mir, alle, die ihr mühselig und beladen seid; ich will euch erquicken. Nehmt auf euch mein Joch und lernt von mir; denn ich bin sanftmütig und von Herzen demütig; so werdet ihr Ruhe finden für eure Seelen. Denn mein Joch ist sanft, und meine Last ist leicht.

Matthäus 11,28-30

Und ruhte am siebenten Tage

Karg und verschlossen steht der Baum auf der Wiese. Weitab der anderen bereitet er sich auf die Winterruhe vor. Die späten Strahlen der Abendsonne wärmen ihn noch ein bißchen und tauchen ihn in eine schöne Melancholie. Im Wechsel der Jahreszeiten ist er in der Brachezeit angekommen. Er sammelt Kräfte für eine neue Wachstumszeit. Der Rhythmus von Blüte, Wachstum und Brache gibt seinem Leben Struktur.
Auch ich erfahre Zeiten des Wachstums und Zeiten der Brache. Manchmal entwickle ich mich stürmisch weiter und wachse. Manchmal sinke ich in mich zusammen und erstarre. Ich möchte von diesem Baum lernen, die Zeiten der Brache als Zeiten der Ruhe und des Kräftesammelns zu sehen.
Darin liegt sicherlich der innere Sinn von Gottes Gebot:

Gedenke des Sabbattages, daß du ihn heiligest. Sechs Tage sollst du arbeiten und alle deine Werke tun. Aber am siebenten Tage ist der Sabbat des Herrn, deines Gottes. Da sollst du keine Arbeit tun. Denn in sechs Tagen hat der Herr Himmel und Erde gemacht und ruhte am siebenten Tage.

2. Mose 20,8-11

Er nennt sie alle mit Namen

Namenlose, numerierte Bäume gleiten in der Stadt an mir vorüber. Wie wenig Würde können sie hier entfalten! All ihre Knorrigkeiten und Fähigkeiten zählen wenig. Ihre Äste müssen den Straßen weichen, die Blätter werden zusammengefegt, und die Früchte fallen auf den Asphalt. Sie müssen um ihren Platz fürchten und im Dunst nach der Sonne suchen. Aber trotzig lebt dieser große Baum und umrahmt seine Nummer, dieses Symbol der Gleichschaltung, mit kleinen Knorpeln. Er widersetzt sich.

Geht es mir besser? In der Stadt bin ich eine Nummer, ein Verwaltungsfaktor für Ämter. In Reih und Glied wohne ich, arbeite ich, sterbe ich. Ich möchte die still duldende Würde dieser Bäume haben. Und ich möchte wie dieser Baum wenigstens ein bißchen widerstehen.

Es ist gut zu wissen, daß bei Gott niemand in der Masse untergeht:

Er zählt die Sterne und nennt sie alle mit Namen.
Unser Herr ist groß und von großer Kraft.

Psalm 147,4

Ich erhöhe den niedrigen

Nur Augenblicke kann ich mein Auge auf ihm ruhen lassen, dann ist er schon vorbei. Mißachtet und von giftigen Abgasen umnebelt steht er am Rande der Straße. Heute bleiben meine Gedanken bei ihm.

Er hat mich angerührt, denn auch ich fühle mich manchmal mißachtet. Ich stehe am Rande und werde kaum eines Blickes gewürdigt. Alle hasten vorbei und haben nur Augen und Ohren für die großen Schlagzeilengesichter. Dann frage ich mich verbittert, ob ich meine Kraft sinnlos vergeude und zur falschen Zeit am falschen Ort geblüht habe. Ich wünsche mich dann an einen schöneren. Aber von diesem Baum möchte ich lernen, daß an meinem Platz standzuhalten auch ein kleines Heldenleben ist.

In meine Trauer wünsche ich mir, daß Gott die Worte des Propheten einlöst:

Alle Bäume auf dem Felde sollen erkennen, daß ich der Herr bin: Ich erniedrige den hohen Baum und erhöhe den niedrigen, ich lasse den grünen Baum verdorren, und den dürren Baum lasse ich grünen. Ich, der Herr, rede es und tue es auch.

Hesekiel 17,24

Der Herr ist mein Licht und mein Heil

Im herbstlichen Wald begegne ich Bäumen in leuchtend bunten Festgewändern. Nie leuchten sie so schön bunt wie im Herbst, am Ende des Jahres.
Ich kenne auch Menschen, die im Herbst ihres Lebens von großer Schönheit und Ausstrahlung sind. Aber viele werden auch grau und erlöschen. Ich wünsche mir, daß ich im Alter noch schön bin und Ausstrahlung habe. Ich möchte eine Lichtquelle finden, die mich so erglühen läßt wie die Sonne einen herbstlichen Wald.
Ich möchte von Gott sagen können:

Der Herr ist mein Licht und mein Heil; vor wem sollte ich mich fürchten? Der Herr ist meines Lebens Kraft; vor wem sollte mir grauen?

Psalm 27,1

Beschäme ihn nicht in deiner Vollkraft

Er lebt noch, dieser uralte, knorrige Baum und wurde noch im Leben zum Naturdenkmal. Schön ist er nicht mehr – mit seinen Beulen und Rissen. Doch hat er eine eigene Würde.
So möchte ich als alter Mensch sein: Eigenwillig, verwachsen, knorrig. Vielleicht habe ich Schwielen an den Händen, abgenutzte Knochen und Beulen. Vielleicht bin ich nicht mehr schön, und mein Geist ist langsam geworden. Dennoch wünsche ich mir, daß ich etwas Besonderes bleibe und geachtet werde – wie ein Denkmal.
Deshalb hoffe ich, daß die Worte von Jesus Sirach Respekt finden:

Mein Sohn, wenn dein Vater alt ist, nimm dich seiner an und betrübe ihn nicht, solange er lebt. Wenn sein Verstand nachläßt, sieh es ihm nach und beschäme ihn nicht in deiner Vollkraft.

Jesus Sirach 3,12.13

Der Herr hält alle, die da fallen

Ein Baum hat den Halt verloren. Andere Bäume haben ihn aufgefangen. Sie tragen ihn jetzt. Sonst würde er ganz fallen. Noch nähren ihn einige Wurzeln.

Was ist, wenn ich mal den Boden unter den Füßen verliere, wenn ich mal entwurzelt werde? Werde ich dann auch jemanden finden, der mich hält? Werde ich es ertragen, daß mich jemand tragen muß, und daß ich jemandem zur Last falle – vielleicht auf Dauer? Auch ich brauche andere, die mich halten – im Notfall und in jedem Fall. Ich möchte sein wie dieser Baum, der getragen wird, und der sich tragen läßt.

Ich wünsche mir, daß dann auch mein Glaube trägt, und daß Gott irgendwie diese Zusage wahr macht:

Der Herr hält alle, die da fallen, und richtet alle auf, die niedergeschlagen sind. Aller Augen warten auf dich, und du gibst ihnen ihre Speise zur rechten Zeit.

Psalm 145,14.15

Ein Baum hat Hoffnung

Einem Baum ist ein dicker Ast, ja fast die Hälfte seiner Stärke genommen worden. Doch er gibt nicht auf. Rund um die Wunde reckt er eine große Zahl junger Triebe der Sonne entgegen. Sie beweisen seine ungebrochene Kraft. Trotzig und unbändig lebendig belebt er sich neu.
Mir imponiert sein unermüdlicher Wille zum Leben. So möchte auch ich mit Verlust und Trauer umgehen können. Ich erinnere mich an Zeiten, in denen mir etwas genommen wurde oder in denen ich etwas verloren habe. Über allem Bitteren ist mir gerade dann viel Kraft und Hoffnung zugeflossen. Gerade daran bin ich oft gewachsen.
So folge ich Hiob, der auf der Suche nach Hoffnung bei so einem Baum halt macht und sagt:

Ein Baum hat Hoffnung, auch wenn er abgehauen ist; er kann wieder ausschlagen, und seine Schößlinge bleiben nicht aus. Ob seine Wurzel in der Erde alt wird und sein Stumpf im Boden erstirbt, so grünt er doch wieder vom Geruch des Wassers und treibt Zweige wie eine junge Pflanze.

Hiob 14,7–9

Zum Autor:
Stephan Krebs ist Pfarrer in der Kirchengemeinde Egelsbach

Quellennachweis:
S.2, Dorothee Sölle, Vom Baum lernen;
entnommen aus: fliegen lernen, gedichte;
Fietkau Verlag, Berlin 1979

Bildnachweis:
Umschlag, S. 5, 11, 13, 23 Peter Santor, Karlsruhe
alle übrigen Fotos stammen vom Autor

Grafische Gestaltung: Hans-H. Holm, Hamburg
Satz: Alphabeta Gerds GmbH, Hamburg
Schrift: Garamond
Lithos: Hess, Fotosatz GmbH, Hamburg
Druck: Mohndruck, Graphische Betriebe GmbH, Gütersloh
ISBN 3-7600-0538-1
Best.-Nr. 1 1595-2